JN409890

그러니까,
당신도 살아

국립중앙도서관 출판시도서목록(CIP)

그러니까, 당신도 살아 : 조찬용 시집 / 글쓴이: 조찬용. --
서울 : 북랜드, 2014
p. 128 ; 13 × 21cm

ISBN 978-89-7787-613-2 03810 : ₩10000

한국 현대시[韓國現代詩]

811.7-KDC5
895.715-DDC21 CIP2014020938

조찬용 시집

그러니까, 당신도 살아

인쇄 —— 2014년 7월 10일
발행 —— 2014년 7월 15일

글쓴**이** — 조찬용
펴낸이 — 장호병
펴낸곳 — 북랜드
135-936 서울 강남구 강남대로 320 황화빌딩 1108호
대표전화 (02) 732-4574 | (053) 252-9114
팩시밀리 (02) 734-4574 | (053) 252-9334
책임**편집** — 김인옥
영업 —— 최성진

등록일 — 1999년 11월 11일
등록번호 — 제13-615호
홈페이지 — http : //www.bookland.co.kr
이-메일 — bookland@hanmail.net

값 10,000 원

ISBN 978-89-7787-613-2 03810

조찬용 시집

그러니까,
당신도 살아

북랜드

작가의 말

시집을 낸다는 게 무슨 의미가 있는가. 많은 날 깊이 고민했다. 한동안 답을 찾지 못했다. 7년여의 시적 고통을 생각하면, 다작이 아닌 나로서는 퇴고하고 퇴고한 것들이 눈에 밟혔다. 시는 어차피 자기 위로와 힐링이 아닌가 하는 마음에 마음을 고쳐먹었다.

사는 일도 그렇지만 시에서도 가락과 진솔성을 기본으로 삼는다. 수사구의 휘황찬란한 언어보다 본질을 바라보는 마음으로 시 앞에 섰다. 어차피 시는 시인의 한계를 넘지 못한다는 전제가 있기 때문에 내 시는 어디까지나 나의 시적 능력의 문제다. 시를 대하는 자세와 시적 능력은 별개 문제다. 거기에 맞춰 보면 시를 대하는 자세는 항상 진지하지만 나의 시적 능력이 어느 정도인지는 알 수 없다.

독자들과 함께 고민하고, 함께 아파하고, 함께 슬퍼하고, 함께 사랑해보았으면 하는 마음이다. 7년 동안 작업했다.

독자들과 소통하는 시였으면 하는 바람이다. 시를 이해해준 가족들과 기꺼이 서평을 보내준 부경대 강사 김순아 시인에게 고마움을 전한다.

차례

제2부

제3부

제4부

제1부

소풍

아이들이 성벽 길을 줄지어 소풍을 간다
두 노인네 느티나무 아래에서 장기를 두며 아이들을 바라본다
거쳐 온 인생과
거쳐 가는 인생 사이 공간의 담장 벽
덜렁 둘이 마주앉은 황혼의 길에서 장기를 둔다

그땐 우리도 많이 설레었지
그랬었지
잠을 이루지 못해도 아침은 환했었지
하루하루 덮고 나면 이리 지나온 일인 것을 말이네
꿈길을 걸어온 셈이지
저 아이들도 오늘 꿈길을 걸어간 걸 알기나 할까

아이들 가뭇 사라지고 남은 빈 공터
뒤뜸뒤뜸 한낮 두 노인의 소풍도 짧기만 하다.

봄이 저무는 풍경

엄니가 낯설다
엄니가 넌 누구냐고 묻는다
얼마나 뼈저리게 세상을 건너 우리 앞에 왔으면
그 세상을 잊고 싶어 하는 것인지
밥을 달라 냅다 아들의 뺨을 후려친다
그리고 또 너는 누구냐고 묻는다
잊고 싶은 것일 게다
살아온 시간의 길을 잊고 싶은 것일 게다
어머니라는 이름에
하나같이 얇아지는 자식들의 서운함이 파지처럼 쌓이고
오래도록 채워지지 않는 허기가
미치도록 시작된 것일 게다

봄볕이 산그늘로 깊어지는 날
뻐꾸기 같은 울음으로 보채는 엄니

엄니는 생각이나 하실까
봄이 저무는 설운 마음을

또 한 번의 곰소를 기다리며

염전에서 햇빛의 알갱이들이
새빠지게 몸을 부풀릴 때쯤이면
칠산 바다는 늘어진 어깨 품을 추스르며
선창으로 닿는다

한때는 길을 가다
서로 얼굴만 쳐다봐도 돈다발 냄새가 풍겼다는
그곳

커서 뱃놈이 되고 싶다는 꿈을 가진 적이 있다
만선이 되어 통통거리는 날엔
길모퉁이 술집 작부와 한통속이 되어 기분 풀풀 날리던
힘센 만득이 아버지를 보면서
바다는 술집처럼 힘센 남자를 키우는 곳이라는 걸
키득거리는 웃음으로 알았다

늘 그만큼에서 쌓이고 허물어지는
갯벌의 비릿함에 펄떡거리는 곰소

좌판의 아낙네들
생선을 다독이며 눈알이 번득이는 바다의 등줄기를
내놓으라 칼을 들이대며
바다의 내장들을 꺼낸다

젓가락 장단에 놀아날 작부도 없는 지금
새만금으로 어황도 시원찮다는 그곳으로
나는 더 나아가지도 못하고
염전쯤에서 미당 선생이 훔쳤다는 그 옛날
힘센 어부의 여자를 기다린다

비린내 나는 노래

엄니의 손놀림이 현란허다 손이 얼음뗑이 되어 채근해 온 바지락인 반지락을 까고 계신다

늘 허는 일이면서도 손이 재고 허리가 휜단다 그러면서도 순식간에 손잔등 너머로 넘어가는 반지락 껍질들이 날랍게 떨어진다 마치 반지락을 까지 못해 허리가 굽은 것처럼 엄니 손엔 귀신이 산다 작은 알맹이 위 아래 좌우를 돌려 속만 남기고 장대높이뛰기만큼 팔을 훌쩍 뛰어넘는 껍질이 양은 다라에 떨어지는 걸 보면 귀신이 산다 실수란 없다 반지락을 잡아야 하루해가 저물고 반지락을 까야 해가 뜨는 그녀다 닳아서 허리가 휜 떽끼칼로 반지락 속을 후벼내는 것이 그녀의 유일한 삶이고 후미진 삶에 불을 피우는 일이다 닳아서 산능선처럼 휜 것들이 그녀에게는 많다 마지못해 산다는 팔자가 꺾이고 새끼들도 제 엄니를 따라 눈치껏 가난하고 성한 곳 하나 없는 그녀 인생의 허리만 휘어 굽었다 견딜 만큼만 잡어와도 된다고, 내가 학교 작파하면 된다고 말을 해도 내가 한 번 부서지지 두 번 부서지겄냐 허시며 나를 꺾는다 나넌 인자 갈몸잉게 너그덜 걱정이나 잘 허란다 떽끼칼이 다 닳아 없어진다 해도 엄니는 멈추지 않을 것이다 안다 엄니에겐 문

드러지지 않는 희망의 떽끼칼이 있다는 걸

　안다 그것이 엄니의 길보다 무서운 칼이란 것도 안다 칼날보다 더 날카로운 비린내 나는 삶의 노래 중심에 엄니의 칼날이 있다는 걸

어머니

쓰다 버린 몽당연필 같은 그녀가
햇볕 드는 방안으로 화석처럼 누워 있다
급성뇌경색으로 쓰러진 그녀는
검버섯 냄새나는 이불에 기역자처럼 누워
늑대처럼 울음을 울곤 한다
절반의 생명으로 전 생애의 무게를 견디는 그녀는
어찌 보면 세상의 아픔보다 더 기운 것 같기도 하다
눕고 먹고 우는 일만이 그녀가 할 수 있는 이야기다
이젠 가슴까지 녹슬어버린 그 짜디짠 울음 때문에
그녀의 머리칼에서는 축축하게 쉰 눈물의 흔적들이 돋아난다
말을 잃어버린 그녀의 입에서는
늘 우우거리는 원시림 늑대만이 오간다
그녀의 가난했던 시간들과 산꿩 소리 풍경처럼 듣던
산밭의 봄날까지도 우우거린다
그녀와 헤어질 때가 멀지 않았다는 걸 안다
그녀에게 햇볕 한마당
안겨줄 날이 멀어져간다는 걸 안다
마지막 남은 한번의 고달픈 늑대의 울음을 기다리며

그녀를 하나같이 닮은 나
서로 닮은 것만으로도 그녀와 나는
가슴이 아프다
내가 그녀의 아들인 것을 아는지 모르는지
그녀는 점점 기울어 간다

어머니를 떠나보내고

어머니
당신을 부를 때마다
봄꽃들이 톡톡 터지는 소리들이 납니다.
당신은 무척이나 봄을 좋아했었지요.
벚꽃들이 마을 밖 신작로 길을 눈부시게 메우고
앞산에 진달래꽃들이 벌건 불을 지르고 놀 때에
당신은 눈이 젖도록 꽃길을 다니셨지요.
당신이 전주 화장터로 가시던 날도
봄꽃 길을 또 그렇게 걸어가셨습니다.
어머님은 봄꽃이었습니다.
허나 당신의 길은 꽃길만은 아니셨지요
세상의 어머님들이 다 그러셨을지라도
당신은 유독 왜 그리 힘들고 바람 많은 길이었는지요.
두고두고 생각해도
당신은 불쌍하기만 합니다
안타깝고 속절없이 슬프기만 합니다.
뭐 그리 삶이 대단한 것이라고
뭐 그리 새끼들이 대단한 것이라고
그리 발목이 젖고 뼈가 시리도록 눈물만 키우셨는지요

당신의 타고 남은 뼈들이
이승의 끝자락 화염 길을 걸어 나오십니다
기껏 화장터 불길에서
한 시간이면 태워지고 사라지는 인생인데 말입니다
어머니
이제 당신은 가고 아니 계십니다
당신의 탯줄을 잘라버린 것이 비로소 이런 것인가 봅니다
당신이 온몸으로 살아온 그 겨울 때문에
봄은 이렇게 아름답게 내어나는 것인지도 모르겠습니다
당신의 타고 남은 뼈들을 안고
당신의 생보다 긴 길을 돌아옵니다
눈물바람으로 길을 나선 당신의 한 생이듯
봄비가 끝내 꽃길을 적십니다
어머니 봄나들이 가신 세상도 봄이 흥건하겠지요

바람의 뼈

뼈를 갈지는 말아라
요샌 뼛가루에도 벌레가 생긴다더라
그렇지요
뼛가루가 되어서까지 자식이라는 벌레 같은
그 몹쓸 벌레들이 다시 생길까봐 그러셨을까
어머니의 뼈를 기다리는 시간은 한 시간이었다
작은 부삽으로 더 챙길 뼈가 없다
바람으로 멍들고 닳은 뼈들 때문일 것이다
나 죽거든 화장을 하려무나
지긋한 세상 남길 게 없구나
덤덤하게 죽음의 불길을 건너가시겠다던 어머니
뼈로 기화된 어머니의 목소리가
타고 남은 뼛속에서 공명을 한다.

喪家 집

저녁 마당 바깥으로 장작불이 토닥토닥
북천가는 길
북적대는 가마솥 연기가 눈발처럼 희다
한몫 잡으려는 노름꾼들로 비닐하우스 안은 눈들이 부풀어 오르고
간간이 시집간 딸들의
설운 울음이 가슴 통증처럼 자지러지는데
햐 어쩌면 이리도 눈발이 고운가
소복을 입고 누운 망자의 갈 길
곱기도 하지
스님의 독경 소리에 망자도 귀를 기울이고
별자리 하나 깊어간다
꽃상여 하나 은하수 길을 걸어간다

아버지의 문 바르기

대청마루를 지나 방문을 열다 문득 문살의 날줄과 씨줄에 갇힌 늦가을 국화들 햇살의 마디만으로도 고집스럽게 피어나는 국화의 투명한 미라들을 보면

폭격으로 총알받이가 됐던 지붕과 그 파편으로 허물어진 대들보와 문과 문의 상처들 피난에서 돌아와 마음 쓸 곳 순서가 생각이 나지 않은 듯 아버지는 한동안 뜰 안의 뭉그러진 가을 국화꽃만 바라보았다 상처란 대책 없는 상심과 폐허의 땅을 키우는 것 밤에도 환청으로 듣는 폭격 소리는 부서진 이곳저곳을 헤집어 놓았다 분수처럼 낙하한 흙들이 밤새 깊은 나락의 벽으로 미끄러져 내리 듯 아침은 얼싸 안을 수 없는 파편들로 집안을 기웃거렸다 몇 무더기의 기억들을 지우고 나면 또다시 종기처럼 돋아나는 통증의 기억 그 기억으로 얼마간의 두레박이 들락거렸을까

느릿하다 믿었던 시간이 허물어진 벽을 일으켜 세우고 금이 간 아버지의 상처들을 깨웠다 뭉그러진 가을 국화꽃을 일으켜 안듯 아버지는 대청마루의 문들을 죄다 떼어

내고 월동을 위해 준비해뒀던 생솔가지를 태워 부엌에서 풀을 쑤셨다 전쟁이 유랑의 꽃을 피우는 만큼 아무는 손길도 꽃을 피우는 것

노란 국화꽃잎들이 문살에 꽂혔다 통증을 눌러 바르듯 아버지가 창호지를 겹 바르면 햇볕과 바람에 기대어 놓은 문들이 팽팽하게 긴장되고 문들을 끼우는 아버지의 손길에선 잘 익은 창호지의 북소리가 울렸다 아, 고집스러운 것들이란 이렇게 문살과 문살에서 돋아나는 국화의 전사들처럼 상처가 아물어 깊어지는 문양과 투명함인 것을

풀치

1

크다만 은빛들이 떠올랐다
어둔 밤이면 은하계의 별들이 바다에 잠기었다 지상으로
슬며시 고개를 내미는데
곰소항 어물전에 가면
치! 하고 콧방귀 뀌는 콤콤한 소리가 볏짚에 엮여
갯바람을 몰고 있다
어린 것들의 비애란 냄새로 익지 못한 말들을 숨겨 놓는다
선명한 비늘이 사위고 몇 날 갯바람과 해무가 스며들면
사라지지고 남은 것은 빨랫줄처럼 널리는 영혼의 냄새
죽음의 뒤태란 콤콤한 냄새로 제 뼈를 풀어헤치는 시간이다
우리가 살아온 내력이란 다 익지도 못하고 헐거워지듯
죽어서 진화하는 풀치가 헐렁하다

2

임종을 앞둔 아버지도 풀치가 먹고 싶다고 했다
죽음 앞에 생각나는 건 아내와 자식들에게 용서와 사

랑일 텐데

풀치 조림. 하지 감자에 풀치를 넣고 끓인 국이 먹고 싶다고 한다

한바탕 소낙비가 쏟아지고 아버지는 소낙비처럼 그쳤다

풀치 조림 풀치 국을 앞에 두고

아버지의 입에서 청국장 같은 풀치들이 바다를 쫓고 있었다

※ 풀치 : 다 크지 못한 갈치들을 갯바람에 여러 날 말리면 청국장처럼 콤콤한 냄새가 나는 밥도둑 생선

기일忌日

지 애비 기일이라고
여편네와 새끼들을 끼고 아들이 왔다
해질녘 노을이 바람처럼 펄럭이는 굽이진 산길을 넘어
먼 길을 달려와 상을 차린다
아들은 아직도 그 옛날 허기에서 빠져나오지 못한
빈 들판을 가지고 있다
못난 애비 에미 탓에
어린 날 보리밥 입으로 우겨 넣으면서 울던 그 울음
감꽃처럼 하얗게 돋아나는 부스럼덩이 슬픔을
애비의 술안주로 차려놓고 싶어 먼 길을 달려왔다
산길을 흔들흔들 넘어오는 지 애비의 술잔에
술 한 잔 따르고 싶어
휑한 바다를 안고 출렁이며 왔을 게다
애썼다, 얘야. 색시 얻고 새끼들 맹글면
지 울타리 키우기도 불 보듯 뻔헌 것인디
뼈만 남은 지 애비 무덤도 짐 되는 일이 되는 것인디
잊지 않고 달려와 줘 고맙다
마음 밖에 둘 일은 아니다만
나 죽거들랑 기일 땐 오지 말거라

기일이 되거들랑
아버지 어머니만 조용히 조용히 불러다오
살다 떠나는 일
너를 떠나지 못해 애달픈 일일 뿐이란다

이것 잔 봐 월매나 싱싱혀

쏙 구녁은 맨들맨들허고 낙지 구녁은 까끌까끌 하잖어
가슴에 치오르는 쓸쓸한 만큼의 긴 작업 옷을 입고
까끌까끌한 갯벌의 심장을 파 들어가야만 만날 수 있는
낙지의 숨소리
낙지의 숨소리와 그녀의 숨소리가 간격을 좁히는 사이
목으로 오르는 등 굽은 숨소리에 겨울 갯벌의 껍질이
벗겨지고
한 양동이 서릿발 갯벌을 올리고서야 물 끝에서 손에
들려오는 낙지

막걸리 몇 순배 차고 오른 술꾼의 흔들림이 이랬을까
이것 잔 봐 월매나 싱싱혀

낙지의 흡반처럼 갯벌과 한 몸이 되어야 가 닿을 수 있는
그녀의 비린내 나는 웃음이 손끝에서 꿈틀거린다
가쁜 숨 몰아쉬고 힘이 무너지는 그 소실점에서 만나
게 되는
미끌미끌한 숨소리의 환한 빛

그려도 이눔이 질이여
이눔이 내 살림을 다 해주잖어
새끼덜 시집 장개 다 보내주고 날 믹여 살려줘

칠십 평생을 갯벌에 흡반처럼 달라붙어 산 그녀의 얼굴이 파도를 닮고
갯벌을 닮아도 지치지 않는 이유가 있다
이것 잔 봐 월매나 싱싱혀
내가 심들어도 이 맛에 사는 거 알겄는가

왜긴 왜여 끕끕해서 그라지

— 변산 대설경보

하따, 무신 놈에 눈이 요렇게 질다냐

하루 이틀도 아니고 꼬리가 긴 여시 맹키로 참말이지 징허시

하루가 멀다고 찾아오는 귀신도 아니고

열흘이 넘어 가는 허청의 곳간도 아닌 디 지랄이 나 분졌네

맨밥에 물 말어 짐치 얹어 묵을 것이여

싱건지에 물고구마 쪄 묵을 것이여

아니믄 헛배 부른 시래기죽에 잠을 펴 잘 것이여

찻길이나 터져야 읍내 장에 나가 동태라도 사다 끼릴 것인 디

길이나 생겨야 갯바닥에 나가 반지락이나 캐다 국이라도 끼릴 것인디

읍내는 고사허고 옆집도 길이 멀어 못 가겄넌 디

가넌 질 오넌 질 다 멕혀부렀으니 말이여

돈 잘 버는 서울 사람덜은 벨 걱정 안 헐 티지만

돈 잘 버는 나라 도둑눔들이야 배 땃땃허게 벨 고상 안 허것지만

보릿고개도 이만치 무섭덜 안 혔어
장마로 산밭의 곡석들 다 잡어갈 때도 이러든 안 혔어
살다 살다 징그란 놈에 눈 다 보네
저 앞 냇가새 산 돼지나 고라니 토끼들도 지 묵을 걸 찾어
저리 깊은 눈 속 빠져감서 숨을 깔딱깔닥허고 심을 빼는디
또 밤은 오살허게 질기도 질어
초저녁 잠 자고 나불먼 새복을 지둘리는 것도 한 세월
미주알고주알 생각허다 보면
사는 게 한 질 눈 속을 폭폭허게 걸어온 것만 같은디
참말로 사람 잡어 먹을 놈에 눈이네
누구하나 죽는다고 어디 눈 하나 꿈적할 눈이 것어
인자는 눈이 아니고 웬수랑게
왜긴 왜여 끕끕해서 그라지

장맛비가 그렇듯

스무 날이 넘었다 방안에 누워 잠잠하던 서늘바람이 눅눅하게 벽에 달라붙는다

물기 먹은 만화처럼 부풀어 오른 아낙들이 먼 산의 먹구름을 보고 씨월거린다

첫맛은 서방의 거시기처럼 좋았는디 끝 맛은 영 아니더라고 어쩌다 한 번 오가는

가문 봄날의 손님이었더라면 똥간에서라도 엉덩이 흔들며 속곳을 깠을 것인디

이게 뭐시냐고. 나는 징혀서 다신 말허고 싶지 않으니 막걸리나 한 잔씩 허자고

아낙의 몸매 같은 양은 주전자를 들고 나온다 맨정신에 무엇을 할 것인가

막걸리를 몇 순배 들이키며, 김치 잡은 손가락 쪽쪽 빨아가며 불같은 속을 식혀간다.

처음은 사공의 뱃노래로 동백아가씨로 들어가 장단을 맞추고 끝은

여자의 일생으로 입을 모아 흥을 돋구고 흥을 돋구고…… 지랄헐 놈의 비

장맛비가 속 깊은 남자의 눈물처럼 구성졌다면 장맛비가 아닌 단비였을 것

애꿎은 대폿잔에 속 불이 타올라 아낙들 툇마루에 가슴을 풀고 장맛비에 쓸려간

논둑과 뿌리째 뽑힌 양석들을 지우기라도 하듯 빗줄기는 줄기차게 아낙들의 마음에

사선을 긋는다 장맛비가 그렇듯 장맛 같은 맛은 아니라고 대책 없이 깊어간다

달콤한 도둑

동생네 집엔
어린 날 포리똥이라 부르던 보리수 열매의 초여름이
붉은 열매들로 뜨겁기만 합니다
지금 동생네 부부는 농사지은 양파를 자루에 담느라
비닐하우스에서 땀을 흘리고 있습니다
동생네 집은 상투를 튼 주인을 닮아 좀 난해한 정원이라고 할까요
난해한 빛과 바람의 음악으로 매단 이 과육의
보리수 열매를 따 먹을까 말까
보리수나무 아래에서 고민 중입니다
고향에 대한 향수가 샛강처럼 흐르는 제 눈엔
고개를 내민 열매 어느 것 하나
새롭지 않은 게 없습니다
파리똥이 점점이 붉은 열매들로 취해가는 6월
이 나무 아래서 부처님은 알았을까요
햇살이 톡톡 터지는 한낮
이 붉은 과즙을 훔친 도둑을

고구마 굽는 밤

늦가을 빗소리가 창밖으로 깊어 가는 밤
코끝을 낚아채는 향수에
핏줄이 부풀기 시작하는
고구마를 굽는다
밤늦게 돌아오는 비 맞은 아내의 하루를 생각하면
무엇 때문에 사는가 하는 쓸쓸한 넋두리도
사치스럽게 흘러가지만
향수 한 언저리만 그 어깨에 걸쳐줘도
하루를 곱게 보냈다는 아내의 웃음이 번질 것 같아
단골 빵집에서 선물 받았나는 직화냄비를 꺼내
고구마를 굽는다
메말라 균열이 가는 것들에게
먼 옛날의 생명을 굽는 시간
내가 구워지고
아이들이 구워지고
돌아오는 아내가 구수하게 구워진다
동치미에 우리들의 껍질을 벗기는 밤
이 얼마 만에 깊어가는 밤인가

나도 한때 강아지 시절이 있었느니

강아지 두 마리와 노는 일이
심심치 않다
때로 이놈들은 장난스럽게 내 발등에 올라
키 높은 세상을 물어 보거나
오후의 빈자리로 들어와
주인의 신발을 장난감으로 아는지
장난스레 물어뜯고 흔들어 내동댕이치기도 한다

강아지를 개새끼라고 말하지 마라
강아지를 보는 너와 내가 그럴지도 모르니
강아지는 강아지다워야 하고
사람은 사람다워야 한다
강아지만도 못한 눈과 마음을 가지고
사람다운 척 말하지 마라
언제 한 번
강아지 같은 눈을 가지고
그 속의 투명한 세상을 살아 봤더냐
부디 얼굴 붉히지 말고
서로 어깨 기대며

춥고 독한 세상 살아라
못 견디게 기쁘도록 살아라
나도 한때 강아지 시절이 있었느니

순대국

안개가 내리는 날은
술이 고파 속이 덥다
누구에겐가 내지를 분노 하나쯤이나
알 수 없는 깊이의 슬픈 농담 하나가 둥둥 떠다니고
함석지붕을 우산 삼아
안개를 피하고 있는 순대국 집은
순대국 같은 투박한 사람들로 뜨겁다
사람이 사람에게 치이고
사람이 사람에게 찢기는 외로운 귀퉁이에서
이런 날은
쐬주 잔을 부딪치며
못난 사람끼리 서로 정답다
세상의 난간에 기대 앉아
치이고 찢긴 사람들끼리
그 바보 같은 혁명 한 번 못해보고
순대국을 먹는다
누가 순대국을 싸구려 인생들이라 말하는가
누가 순대국을 냄새나는 인생들이라 말하는가
돌아서 보면

돼지 속보다 더 냄새나는
썩은 순대 속 같은 세상과
사람, 사람이 아니었던가.

알탕에 소주 한잔

비가 내리는 날 횟집에 들러 알탕을 먹네
몸이 가볍도록 싱거운 세상에
간이 맞고 짭짤한,
가슴이 뜨겁도록 벌겋게 달아오르는 알탕
혼자이어도 괜찮네
무덤덤하게 식어가는 것들
그럴 때 알탕처럼 뜨겁게 저며 오는 그 속으로
속절없이 온몸을 내밀어보는 거지
소주 한 잔에
바다의 이마와 어깨를 제 안으로 밀어넣으며
눈이 부시도록 달려온
대구나 명태의 길을 바라보는 일
한때 장작불처럼 세상에 속을 내밀기도 했던 심장을
뜨겁게 적셔보자는 거지
그러다 대책 없이 내가 그 뜨거움에 쓰러져버리면
수천수만의 알들이 서로를 끌어안고 단단해지듯
눅눅한 가슴도 알처럼 단단해지겠지
가끔 뜨겁게 치미는 주먹 같은 것
뜨겁게 달려오는 그리운 것들이 참을 수 없다면

속을 환하게 훑고 나오는 짜릿한 소주 한 잔에
알탕 한 그릇이면 좋지 않은가
그리고 빗물처럼 흐느적흐느적 헤엄쳐 가는 거야
뱃속에서 부화한 새끼들이 나를 끌고
밤새 잠속까지 따라와 헤엄을 치고 바다로 돌아갈 때
까지
저물어도 싱겁지는 않겠지
어떤가, 식어 가는 줄기줄기
알탕으로 뜨겁게 적셔보는 일

헛된 약속

익을 거라면
늦가을 감나무 가지에
앞니 하나 남은 영감 모습의 홍시처럼
또는 둥글둥글 세상을 몇 바퀴 돌아와 앉은
누님 닮은 호박처럼
그렇게 익어보자

섣부르게 설익지는 말자
시절이 지난 후
알맹이 없는 쭉정이로 시든 바람에 건들거리는 일보단
어떻게 익는 것이
물 깊은 길인가를 먼저 생각하자

기왕 익을 거라면
속이 뒤집어지도록 환하게 익자

댓돌 위에 놓인 하얀 고무신의 침묵을 보라
험한 길을 걸어온 상흔들이
하얗게 속을 비우고

경계와 경계를 넘어 기대고 있는 모습
다 채워졌다 비워지는
그 여백처럼 익어보자

측간厠間에 앉아

똥이 시원치 않다
겨울날 창밖으로 눈 내리는 소리 깊어가고
땅에 묻은 싱건지 뭉텅뭉텅 씹어가며
목구멍을 뜨겁게 달구듯 미끄러져 내려가는
물고구마의 감촉을 나는 생각 중이다
명절날 떡방앗간에서 가래떡 미끄러져 나오듯
항문을 오므리면 제 힘으로 떨어지는
시원한 철렁거림을 나는 생각 중이다
날마다 접하는 내 밖의 풍광들이
어긋난 문틈으로 환히 가슴에 박히고
새소리 묻어오는 밝은 햇살도 훔치면서
오늘따라 앞산에 건들거리는 솔숲 바람이나
앞마당에서 흙장난하는 조카 녀석들 웃음소리도
꿈결같이 쓰다듬고 안아주는 일인데
깊이 앉은 똥이 시원치 않다
벌거벗은 내 묵상엔 잠시 불이 꺼지고
긴 어둠을 통과하는 크고 작은 생각들이
끈적끈적하게 속을 끓이며 시간을 멈추고 있다
똥이 기어이 반기를 든다

제 몸 하나 깊이 다스리지 못하고
속 터지는 세상에 주먹 한 번 내밀지 못하는 주인을
똥은 지금 몹시 못마땅해 하고 있다

제2부

팔불출

미안합니다
일을 마치고
밤늦게 돌아오는 아내의 발걸음에
이런 소리 없는 주문을 넣습니다
어깨가 무겁고 힘든 것은
모두 내 탓만 같습니다
아빠는 움직이는 병동이라고
지 에미 앞에서 놀려대는
다 큰 딸아이의 놀림 때문만은 아닙니다
말하지 않아도 압니다
겉은 멀쩡해 보여도
망가지고 흐트러진 폐허의 안은 마치
태풍이 큰 기침을 한 것처럼 대책이 없습니다
한 이불을 덮고 하나가 되지 못하듯
쓸모없는 불량품을 다듬고 수리하여
제 몫의 길이 되도록 기대어 주는 일도
쉽게 마음 써줄 일은 아닐 것입니다
아내는 가끔
키우기 제일 힘든 게 큰 아들이라고

넉살 좋게 웃으며 말하기도 합니다
왜 모르겠습니까
하나도 접고 열도 접는 아내의 씀씀이를
오늘도 나의 폐허를 쓰다듬고 다독이는 아내가 있어
나는 좋습니다.

아들과 추어탕을 먹으며

아들과 추어탕을 먹으러 간다
사는 일이 답답해질 때면
아들놈도 다 익은 미꾸라지처럼 꼼지락거린다
태어날 때 생각하면
언제 커 사람 구실을 할까 막막하기만 했던 것이
불알 여무는 나이가 들자
지도 훌쩍 사람 축에 끼어들어 사람을 덜컹거리게 한다
애비와 술이라도 한 잔 나누면 즐겁겠단다
저에게 남겨줄 유산도 없는 불쌍한 이 땅의 아이에게
애비는 치사하게 가난했다
추어탕 한 그릇에
한없이 부끄럽고 가난해지는 애비의 마음을 아는가
작은 것으로도 살맛이 난다는 아들이
오늘은 애비보다 더 철이 들었다
그래 큰 것으로만 사는 게 아니다
작은 일부터 가슴을 맞대는 살 부빔이
세상을 걷는 걸음마의 시작이다
애비가 없어도 피 내림으로 살아갈
아들의 작은 세상을 위하여 술잔을 들자
가슴이 뜨거워지도록 환한 이 저녁의 술잔을

저무는 날의 인사

당신의 마음에서
올 한해
나는 꽃이 피고 졌습니다

당신 채전밭으로
저물어 가는 자리
감사의 열매 곱게 익었습니다.

늘 그만큼의 거리에서
나를 키우는 당신

당신, 참 고맙습니다.

묻지 마라

묻지 마라
사는 일이 왜 이리 힘든 것이냐고 묻지 마라
힘들고 가난한 병자들에게 물어라
속을 적실 물 한 방울이 다급한 사람들에게 물어라
아니, 밥 한 끼에 전 생을 거는
죽음 앞의 소말리아 아이들에게 물어라
나는 괜찮다
나는 그들에게 낯선 천국의 불행한 사람일 뿐
내가 왜 작은 것들에게 분노를 하는지 묻지 마라
나는 너무 많은 걸 가졌다
옷 한 벌 걸치지 않은
살 한 점 붙지 않은 아이의 눈으로 달라붙는
파리 떼의 공격도 무서운데
죽음 밖의 독수리의 눈이
아이의 죽음에 군침을 삼키고 있다
할 말이 많은 자의 고독을 아는가
묻지 마라
왜 사느냐고 묻지 마라

백치

고르지 못한 치열을 드러내며
백치가 한낮을 웃고 있다
그 웃음의 항아리 속은 오랜 한지 같아서
그의 그늘까지 투명하게 보이는데
세상에서 멀리 빗겨난 웃음이 이랬을까
그에겐 천천히 흘러온 시간과
햇빛으로 어둡게 이어온 그림자가 있다
더디게 걷는 말과
혀끝으로 말아가는 웃음을 듣고 있으면
날지 못하는 키위의 속울음 같다
한지의 흰 영혼을 가진 그에게
오늘은 내 웃음이 부끄럽다

빨리 달려오는 당신

앞문을 열면 앞산이 달려오고
뒷문을 열면 뒷산이 달려온대도
산 너머에 있는 당신만큼
빨리 달려올 수는 없을 테지요
보고 싶은 마음보다 빨리
달려오는 것은
당신입니다

이 땅

그대를
피와 땀으로 사랑하는 일보다
그대를
숨 가쁘게 지키는 일이
죽는 일보다
더 슬픈 일이 되었습니다.

어둡고 쓸쓸한 사랑

마음의 빈 벽에
그대를 건다

세상이 늘 채워지지 않는다고 다짐을 하는 건
외롭기도 하지만
그대가 살아 나를 보고 있기 때문이다
사는 일이 그런 것이라고
나는 다만 흘러가는 그대를 볼 뿐
위태롭게 바람에 치이고 상처를 받는
그대를 붙잡진 못한다

나는 그대 밖의 사랑으로 해가 지고 달이 진다
끝내 이름을 줄 수 없는 꽃의 이름처럼
그대의 길목에서 피고 지는 길인 것이다

기다리는 쓸쓸함도
지독한 사랑의 약속이었다

오래된 숙명처럼 그대는 흐른다
나도 그대를 지상에 남은 한 사람의 사랑으로
못을 박는다

처음부터 그대는
내가 피울 수 없는 꽃이었다
몇 번을 다짐하고 흘러온 것이 여기까지이다

이제 기다리는 일도
찻길이 끊긴 깊은 계곡의 사유로 잔잔하다
빈 의자로 살아갈 계곡 천정에
나는 오래도록 그대를 걸어두는 일뿐이다.

인연因緣

처음은 우연인 듯하다가
만나지 않으면 안 되는 사람들처럼
기억의 길을 돌고 돌아 몇 만 번을 돌고 돌아
안부 한 번 전해주지 못하고
유장한 물길을 발목 시리도록 긴 말들을 담고
몇 해쯤 뜨거운 밤을 보내다가
그것도 사람의 일이라고
영혼이 행성처럼 오고가는 그 길에서
끝내 다가온,
그 자리로 돌아올 수밖에 없었던
운명의 울림으로
기다렸던 사람

할 말은 늘 그곳에서 맴도는데

할 말은 늘 그곳에서 맴도는데 가을이 왔다
늘 그곳에서 늘 그 곳으로 오가는 길인데
가을이 빼곡히 들어선 산에
설부른 서설이 그곳으로 내린다

정리되지 못한 순간이
흘러만 가는
한동안의 대책 없는 이 서성거림

흰지에 스며드는 파장의 먹물처럼
가을은 또 그렇게 자박자박 빛으로 걸어간다

할 말은 늘 그곳에서 맴도는데 가을이 간다

이 가을을 치우지 마라

가을이 남기고 간 아침 길의 노란빛 바다
밤새 바람도 숨을 죽이고 서늘히 몸을 뒤틀었을 것이다
속절없이 뒤척이는 집시들의 길
문장의 쉼표도 마침표도 걸음을 멈추고
급물살을 타고 번지는 가을빛에
가을을 치우고 있는 자여,
이 헐벗은 육신에 빗자루를 들지 마라
생이 아름다운 건
떠날 때 아무 것도 걸치지 않은 이별이 있기 때문이다
치우지 마라
꿈길 밖의 이 가을을 치우지 마라
가끔은 인생도 몸서리치는 빛의 육신이고 싶다

빈 항아리

빈 항아리에 손길이 아주 떠난 것인지
바람 몇 그릇
빗물 몇 그릇
한가로이 휜 가지와 붉은 감들이 등불을 켜고 있다

별이 뜨는 밤이면 별들도
새우잠을 자다 가리

빈 것이 낮과 밤의 집이 될 줄이야

머잖아 빈 항아리
참새들 돌아와 겨울 사랑 꽃을 피우리

비었다고 생각할 때 비워지지 않고 채워지는
이 가득함의 외경

빗소리를 듣는 밤

빗소리를 듣는 밤이다
창밖을 뛰어넘는 바람소리를 주저앉히며
저음의 울림 음계를 듣는다
갓 볶은 커피의 향기 머리채 위로 잔잔히 퍼지는
저 소리
혼자라는 말에는 슬픔이 있다
빗소리에 넘치는 어둠을 어깨에 메고
저 살구꽃에 뛰어내리고 싶은 밤이다
우산을 받쳐 들고 이 밤을 횡단하는 사람이 있다면
그에게 나직이 말해 볼까
꽃잎 피워내듯
부르트던 발 구름 같던 날
목숨을 다해 사랑하지 못한 것이 아프다
빗소리가 살구꽃처럼 앓는 밤이다

티벳 차를 끓이면서

– 김인자 시인을 생각하며

티벳을 다녀온 친구에게서 받은
작은 봉지의 차

햇빛보단
히말라야 고원을 닮은 바람 냄새가 난다

비밀의 문이 열리듯
설산 신의 목소리도
찻잎이 풀리면서 들려온다

오체투지로 밀어 올렸을
그 작고 여린 잎들의 손사래

나는 지금
꿈결같이 먼 나라의 경전,
여린 잎의 물소리를 듣는
중
이
다

기다림, 그 지독한 사랑

어둡고 쓸쓸한 사랑을 기다린다
장대비가 쏟아지는 날이면
온몸이 무겁도록 차오르는 사랑을 기다린다
그만하면 사랑이 지워질 때도
그만하면 불꽃도 사위어질 때가 되었다고
남들은 말한다
아, 그러나 제 살을 도려내듯
사랑이 베어져 그 흔적 지워질 수만 있다면
몇 백 번인들 타버린 가슴 도려내지 못하겠는가
한 번의 사랑으로
천년의 깊은 못이 박힌 심장을 그대는 아는가
그러나 오늘도
날은 저물고 그대는 아니 온다
오래된 칡덩굴에도 시절이 오고 꽃이 피고
가을이면 모천으로 돌아오는 연어처럼
그대도 강물을 거슬러 올 수도 있을 텐데 하는
부질없는 기다림만 잡풀처럼 키운다
나는 그대를 기다릴 것이다

사랑을 기다리는 일이
한평생을 마주하는 일이라 해도
오지 않는 그대를 운명으로 기다릴 것이다
그 지독한 한 번의 사랑을 위하여

그립다는 말

이순이 가까운 시절
한때 찔레꽃같이 피었다 시든 그 유장한 길들의 몸부림을 생각하면
그립지 않은 것들이 없다
살아온 게 아니고 밥벌이에 목을 매 살아진 게 아니었느냐고 말을 해도
이젠 낯부끄러울 것 없는 이유와 덤덤해진 변명
아물아물 흘러온 인생아,
남은 시절은 또 얼마나 그리울 것이냐

먼 거리를 흘러온 사랑

소나기처럼 쏟아지는 별빛이
강 허리에 남아 출렁인다
환한 달빛에 몸을 부비고
스완강에 눈물을 투척했을 그녀를 눈에 담으며
보고 싶다는 말의 무게를 생각한다

사막의 아침 이슬처럼
이내 증발될 수 없는 그립다는 말

등을 맞대지 않아도
저물지 않는 그림자가 있다면
그건 인도양 수평선에서 밀려오는 구름으로
먼 거리를 흘러온 거리일 뿐
편지를 기다리듯 이 강의 난간에서 키웠을 그녀의 그리움에
소금이 된 눈물 몇 방울 밑줄을 긋고
그녀에게 저문다

보고 싶다는 건 건너야 할 바다와
가슴 속 별과 별의 거리를 가졌다

※ 스완강 : 호주 서부도시 퍼스를 가로지르는 강

나는 너무 먼 거리에 와 있다

나는 너무 먼 거리에 와 있다
유목민을 꿈꾸었던 그 나라로 돌아가기엔 너무 멀다
말을 타거나 걷는 것이 유일했던
그 푸른 나라로 어머니를 부르던 게 아득하다
살아있는 것들로 축복을 쏘아 올린
어린 날을 생각하기엔 너무 먼 거리에 와 있다
너무 많은 것들로 불면의 밤이 늘고
어두운 시간은 기억에 묻힌 것들에 기대어 서성댄다
우리들의 밝은 기계들의 숲에서 만들어진 길로
언제부터인가 세상이 시들해져 버렸다
삶으로 배가 부르던 잠깐의 일도
해가 지고 밤이 드는 순간 시시하고 지루해져 버렸다
어느 날 아무런 낌새도 없이 무기력하게 무너져 내릴 수 있는 일이
사는 일의 그림자가 돼 버렸다
숲과 사람이 사라지고
내가 걸어서 가야 할 마을이 사라져버린 지금,
애써 저녁의 성찬을 기다리는 일은 데데하고 지루하다
숲을 넘어 깊은 우물에 묻혔을 그 기억의 동산
그 회로를 따라 산을 넘기엔
나는 너무 먼 거리에 와 있다

무기여, 잘 있거라

어느 날 지피 막사에서 병사 하나
목에 총구를 들이대고 방아쇠를 당겼다
외롭다 못해 귀가 시린 철조망 앞에서
그 아픈 뼈를 거두었다
바보 같은 사람
그깟 애인 때문에
고작 거꾸로 신은 신발 때문에 산화되어 무릎을 꿇는가
이별 없는 사랑은 없다
사랑이 아픈 건 설익은 사랑
스스로에게 독이 든 화살을 겨누는 일
슬픈 무기가 되어 돌아왔다
떠난 것을 앞에 두고 자신을 버릴 수도 있는 사랑을
꿈꾸는 일은 위험하다
결별을 꿈꾸는 무기여, 잘 있거라

목 놓아 상처내야 할 일

그녀의 앞은 갑자기 없거나 어둡다
실을 뽑아내듯 가슴 입구에 쌓여있던 슬픔의 가닥들을 그녀는 뽑아 펼쳤다
바람이 불지 않는 날이 있긴 했지만 바람은 어디서나 우글거렸고
폭풍이 출렁이는 날엔 멀쩡하던 그녀가 폭풍으로 출렁거렸다

그 날도
남편이 그물을 챙기고 아들은 선부른 희망을 걸치고
그들은 그렇게 어둔 바다의 심장 깊은 계곡으로 동력을 올렸고
새벽의 부표를 따라 섬 뒤편으로 사라졌다
그리고 그들은 끝내 폭풍의 그림자에 돌아오지 않았다

그녀의 뒤편에서 무너지고 사라진 반란의 시간
은행열매처럼 툭툭 불거져 떨어지는 그녀의 절규가 폭풍의 계곡으로 흘렀다
가슴을 치고 풀어헤쳐도 쉼 없는

통곡의 면전으로 다가오는 기억의 깃발을 멈출 수는 없었다
참을 수 없는 것들은 바다로 저물고 바람으로 글썽인다

그녀가 부표가 되어 바다로 흘러간다
한 부분이었다고 믿고 싶은 것들이 뗏목이 되어 닻을 올린다
흘러가는 순간순간이 통증의 집을 짓고 목놓아 상처내야 할 일인 것을
퉁퉁하게 부푼 그녀의 유두가 죽음의 꽃을 피워낸다

잔잔한 포구 마을에
사라진 것들이 어둡고 무겁다

그러니까, 당신도 살아

오늘도 힘들 거야
참는 것이 일상이 된 당신에게는 더한 고통도 참을 수 있어
죽는 것이 해결은 아니야
차라리 내가 아팠으면 하는 주문도 걸어
당신을 일어설 수 있게 하는 신이 있다면
난 그 신을 따라 고통의 골짜기로 갈 수 있어
당신 아래를 봐
당신보다 더 고통스런 비명과 절박함이 묻어나는 사람들이
손을 들어 웃고 있잖아
죽음의 면전에서 돌아오는 환희의 소리를 들어 봐
당신은 고집스럽게 자신만 보고 있어
녹물 쏟아지는 저 항문들을 보라고
녹물을 다 쏟아내면 그 뒤엔 죽순 같은 새순이 돋아날
거야
당신을 위한 내 간절한 눈을 봐줘
죽음을 견디고 새순이 돋는 당신의 모습이 저편에 있어
아직 피지 못한 새끼들 생각도 해보라고
그러니까 당신도 살아

제3부

시를 매화꽃에 던지다

시를 쓰다
시를 매화꽃에 던져 버렸다

상상의 빈곤과 이름만으로 시를 쓴다는 것은
시와 시인의 봄 마당에 쓸쓸함을 키우는 일

좋은 시의 행간과 행간에 숨은 곳간을 뒤져
감동의 내밀한 흔들림에 촉촉이 젖는 것으로 충분하다

시를 만지며 담뱃값 축낸다고
빈정대는 아내 탓만은 아니다

시다운 시들이
섬진강 매화 꽃길처럼 몽유매원인데
시를 붙잡아 더 무엇 하겠는가

매화꽃 행간과 행간에 얹히는 시의 심금만으로도
이젠 시를 쓰지 않아도 되겠다

그러나 시여, 영원하라

새싹의 말씀

대나무 새싹이 돋았습니다
죽은 줄 알았던 무소식에 그만 포기하고 말았던 것인데
잊지 않고 찾아 주었습니다
담양에서 모근을 얻어온 것으로
몇 해를 소식 없어 내버릴까도 했으나
마음이 내키지 않아 곁에 두고 그 시간을 함께했습니다
마음이 거기까지 닿았을까요
혹시나 해서 물이 마르지 않도록 그의 봉분에 물을 뿌리고
5년이 지났을까
회생을 매달아보기란 바람처럼 지나가는 일일 뿐
단지 버릴 수 없어 헛된 일처럼 물을 얹혀 준 것뿐인데
잎을 피워냈습니다
기분이 묘합니다
한 생명을 살리는 데 기다림이 필요하다는 대나무의
어른스런 행동을 이제야 알듯 합니다
어둠에 갇힌 세상을 따뜻하게 보살피고 안아주는 일이 왜
필요한지 알 듯합니다

봄

나무와 나무 수천의 행간들이
가지와 가지 수천의 행간들이
먼 곳에서 돌아와 등불을 밝히듯 눈을 뜬다

눈을 뜬다는 건
단단한 세상이 열린다는 소리

열린다는 건
양 어깨 들먹이도록
모든 잎들을 따뜻하게 껴안을 수 있다는 소리

파릇한 봄의 그늘이
소리들 수런거림에 깊어간다

금낭화

엉큼한 계집애
그리운 것은 손을 내밀지 않아도
물이 깊은 샘처럼
어둡게 어둡게 울리는 환한 공명 같은 것
가슴을 여는 순간 그립다는 말은 깨지고
수줍음도 깨지고
곱게 닫아둔 사람도 다시는 오지 않을 거라고
발걸음도 깊이깊이 닫아두는 것
그래서 앙다문 네 가슴을 열고 싶은 것
알겠다
산을 넘고 폭포를 거슬러 올라야만 네가 보이는 이유
달빛 깊은 골짜기
제 품에 달을 품고
입 다문 가슴 열어보려는 그 속셈 알겠다
나 같은 세상과는 놀지 않겠다는
엉큼한 계집애

찔레 순을 꺾던 날

여린 가시조차 사랑한 적이 있다
가시가 돋을수록 푸른똥을 누었던 날이 많았다

찔레나무 숲엔 아이들이 머물다간 허기가
파릇파릇 움이 돋아나고
해거름녘에 돌아온 어머니는
푸른똥을 누는 일이 전설처럼 흘러온 일이라고
비관하지 않았다

여린 가시의 배고픔이 자라지 않도록 햇볕에 기대앉던
어느 날

저녁밥처럼 봉긋하던 무덤 하나가
찔레나무 숲으로 걸어가는 걸 보았다

새벽녘 작은 영혼 불 하나가 사라지더라고
측간을 다녀오던 어머니가 말했다

상여도 없이 떠나는 짧은 생의 죽음이었다
배고픈 것이 더 화려했던 날의 아침이었을 것이다

은방울꽃

어디선가
박하 향기처럼 은은한 종소리가 울려온다
바람이 창문의 치맛자락을 움켜쥐고 우는가 싶더니
소리가 없다
오래 견뎌온 생의 이명 때문인가
자리에 앉자 청량한 종소리가 다시 울린다
아내에게 물어봐도 소리의 진원지를 모르겠단다
집안의 스위치를 전부 올리자
종소리가 까치발을 들고 안을 들여다본다
까마득히 잊고 있었던 은방울꽃의 소리다
양재동 꽃시장에서 식재해왔던 게 일주일 전이었는데
햇빛에 제 뼈와 살을 구워
은백의 종을 여섯 개나 피웠다
내가 나를 울릴 수 없는 덤덤한 생의 한 자락을 돌아
은방울꽃이 타종을 한다
제 뼈와 살을 오롯이 굽지 않은 것들은 소리가 없다

조팝꽃

배고플 때 누군가
왜 저리 흰 쌀밥을 조근조근 흘리고 갔을까
산꿩 소리 끄웡끄웡
골짜기 따라 내려오던 봄날
무논이 끝나는 산자락으로
봄이 뭉텅뭉텅 하얬었지
배고픔은 속이 텅 빈 저 하얀 꽃 때문이 아니었을까
세상이 가난한 건 저 흰 꽃의 영혼 때문일 지도 몰라
눈이 부시도록 배고파지는 건
바로 뱃속을 하얗게 비우는 저놈의 꽃 때문일 지도 몰라
강을 건너
산을 넘어
길을 걷다 힘이 들어 몇은 숨을 거뒀다는
험준한 보릿고개를 넘어
돌림병처럼 번졌다던
햇빛 밝은 수묵화의 배고픈 전설이
모락모락 피어났는지 몰라
그대를 채워도
끝내 시원스럽게 채워지지 않는 희디흰 그대의 전부처럼

그 갈증의 언저리에서
몸부림처럼 흔들리다 톡톡 터져버린 꽃이었지
그대를 생각하다
끝내 가슴에서 해가 지고 눈물이 되던 꽃이었지
봄이 어지러운 건 어쩌면
저 흰 꽃의 영혼 때문일지도 몰라

패랭이꽃

여보시게
날보고 바람쟁이 난봉꾼이라고 말하셨나
여자들을 홀려 밤을 낮 삼아 재미를 본다고
당신의 반은 빈정거림으로
반은 흘레붙는 동물 같다는 흘김으로 말일세
맞는 말이네
내 꼴을 보시게
주인 없이 버려진 몸으로
어디로 갈지 몰라 이렇게 난망해하고 있질 않나
너무 지나친 것은
하지 않음만 못하다는 말을 하고 싶네
그러나 당신의 비난 뒤의 당신의 몸을 뒤적여 보시게
당신답지 않게
당신의 눈 속에도
바람의 패랭이꽃들이 피고 있지를 않는가

홀아비바람꽃

산길을 걷다
혹여 홀아비바람꽃을 만나거든
인사나 하자
여편네가 있어도 홀아비보다 더 외롭다고
새끼들이 있어도 홀아비보다 더 쓸쓸하다고
온 산의 홀아비들을 모아
바람에 찢기고 생채기 난 가슴에 말하자
홀로 흔들리는 일은 깊은 골짜기가 아니어도
정 붙이고 사는 곳 그곳마다 꽃이 피는 일이라고
홀아비가 아닌
홀아비보다 더 홀아비 같은 초라한 사람들이
홀아비를 그리워한다고 귀를 열어주자
아파도 아프지 않게 홀로 희어버린
그 빛나는 머리와 적막의 옷자락을 보면
어차피 인생은 혼자 깊어가면서
시들어 가는 것이라고
그윽한 눈빛으로 웃어주자

밤꽃 냄새를 훔치다

밤밭골 밤꽃 냄새가
흰 새털구름처럼 마음을 떠돈다
씹어보지도 않은 이른 밤 맛이
가슴에서 아삭아삭 후끈 달아오른다
골짜기마다 하얀 밤꽃이 아지랑이로 오르고
어느 집에선 강아지 한 마리
밤꽃 그늘을 덮고 낮잠이 한창이다
집으로 돌아온 저녁
강아지 몰래 주머니 가득 훔쳐온
밤꽃 냄새 한 마당 풀어헤치는데
어느 겨를에
내 그림자 끝을 밟고 따라나섰을까
밤꽃 그늘에 잠자던 강아지
밤새 밤꽃 냄새를 턴다

배롱나무

참새 한 마리 앉았다 날자
배롱나무 가지들이 온몸으로 출렁거린다
마치 봄을 키우는 신호탄이라도 되는 듯
배롱나무 가지들이 실실 웃음을 흘리며
새잎을 실룩실룩 내민다
허공을 움켜쥐고 내닫는 참새의 뒷길이 간지럽다
잎들을 피워내기 위해서는
가슴만 스쳐도 서로 눈이 멀어버리는
이런 간절한 애무와 간드러진 시간이
배롱나무에게도 있어야 하겠지
불을 밝히듯
셀 수도 없는 뼈와 살들의 잎이 어깨를 내밀고
눈을 뜬다
한 번의 사랑
한 번의 이별만으로도
배롱배롱 잎들이 가득하다

사과 한 상자

아파트 경비원의 인터폰이 울렸다
사과 박스 포장의 택배 하나가 왔단다
바깥사돈이 보낸 사과 상자다

엘리베이터 오르는 동안
받아든 손에 낮게 깔리는 그의 기침 소리와
붉고 둥근 숨소리가 전해진다
사과밭을 오가는
어둔 그의 침묵까지도 한 상자다
폐암으로 몸져누웠다는 말까지도 붉게 물든
가을 한 상자의 生을 받은 셈이다

베어 물 때마다 쿨럭거리는 기침 소리가 씹히는
사과 한 상자의 기침소리가
슬픈 속도처럼 빠르게 멍이 들어간다

누가 누구를 생각하는지
앞만 보고 달려온 그의 뒤가
폐광처럼 녹이 깊어진 듯싶어

내 병든 몸이라도 빌려주고 싶은 저녁
먹다 남은 사과 한 쪽에서
붉은 녹물 같은 그의 하루가 서성거린다

한밤에 핀 고추장 꽃

지나도 한참 지난 이야긴데요
70년대 먹고 살기 힘든 보릿고개 시절
리어카를 끌어도 서울이 낫다 생각하여
서울로 서울로 짐보따리를 싸들고 올라가던 암울한 때였습니다
땀냄새로 비좁은 호남선 삼등 밤열차를 타고
느릿느릿 굴러가는 이별의 단조로운 철로 소릴 들으며
서울 생활의 화려한 꿈을 웅성웅성 꾸던 찰나였지요
누구도 믿을 수 없었던 선반의 어디쯤
낮부터 애면글면 끓어올랐을 고추장 단지가
한순간 폭발을 해버린 것입니다
늦은 밤 잠들거나 의자에 기대어 졸던 사람들에게
머리와 얼굴 그리고 깊이 잠든 나들이옷들에게
고추장 파편은 붉은 꽃으로 피어났었지요
서울로 가던 어느 고향집의 고추장 단지였는지
내력도 모르고 평화롭게 잠이 든 사람들을 생각하면
참으로 어처구니없는 봄날 밤의 에피소드였습니다
뜨악해 하던 젊은 신사의 붉은 점박이 고추장도
재수가 없다는 젊은 처녀의 달아오른 표정도

모두 곱게 핀 꽃이었습니다
낯선 사람들끼리 붉은 고추장 파편을 바라보며
덜컹거리던 눈물과 콧물의 희극적인 풍경에
속도 없이 그 꽃밭에 서서 함께 웃었었지요
깊은 밤 삼등 열차에서 함박웃음을 웃을 것이라고
누군들 예견을 했겠습니까
오는 내내 고추장같이 끓어오를 수 있는 맵고 붉은 마음이
무엇일까 생각했습니다
서울로 서울로 고추장까지 열차를 타고 이농을 해야 했던
붉은 꽃들의 서글픈 웃음이 터널을 빠져나올 즈음
가쁜 숨을 몰아쉬던 열차는 이른 새벽 용산역에 도착했지요
꽃밭을 나와 모두 꽃이 되어 집으로 돌아가던 아침
개찰구를 향해 걷던 종종 걸음들의 서울은 어떤 것이었는지
나는 지금도 궁금합니다

튀밥 장수가 주고 간 서정시 한 편

눈이 시린 봄날에
귓바퀴에 달달하게 허공을 건너오는 그 폭음
꽃보다 아름다운 뭉게구름이 골목길을 뒤흔들었다
기억의 물살을 오르듯 서둘러
아이들이 달려와 보리와 옥수수처럼 달구어지고
동네 마당은 어느덧 살구꽃 같은 이야기들로 복작거린다
기억의 왼편으로 느티나무 정자 냇가에 기대 서 있고
노인들은 뭉게구름 위에서 잔잔히 장기를 두었다
달궈진 기계의 뚜껑이 열리자
참았던 그의 주문 같은 서정시 한 편의 말들이 알알이 쏟아졌다
마법을 부린다고 믿었던 아이들의 생각은 옳았다
그는 기계에 주문을 외었던 게 분명했고
주문에 따라 아이들은 한순간 구름 속에서 꿈을 꾼다
풍경을 떠나온 사람들은 안다
그것은 분명 지상의 성대한 한 철이었다
봄날의 수채화 같던 튀밥 장수의 넉넉한 웃음과
헛배 부른 아이들의 즐거운 비명
뭉게구름이 튀밥 장수의 옷자락을 떠나고

막걸리 서너 잔을 끝으로 유랑하듯
지게 짐을 지고 마을 어귀를 떠나갔던 그
지금은 어느 도시의 구석에서 흰머리를 키우며
낡은 기억의 서정시 한 편을 쓰고 있지는 않는지

오래된 향나무 그늘에 들다

오래된 향나무 그늘에 들었을 때
많은 죽음 앞에서 아른거리던 향불 냄새가
기억의 뒤편처럼 번졌다
단지 햇빛을 피해
그늘의 치마폭으로 걸어 들어간 것인데
내 가벼움보다 무거운 향나무의 상처 때문이었을까
아물지 않은 상처의 풋풋한 향내에 발목을 잡혀
갑자기 가슴이 덜컹덜컹 숙연해진다
인적이 드문 곳으로
오목하게 깊은 상처 하나가 자리를 잡고 있다
한때 제 살이었던 껍질들을 겹겹이 허공으로 내밀면서
상처는 깊이가 더 깊어지고
마당 넓은 그늘의 집을 지었을 것이다
생각하면 그 힘으로 자신의 생을 밀고 왔을 터
어린 날 바람의 칼에 베이고
많은 망자들 앞에서 눈물을 찔끔거리다
저도 모르게 짓무른 상처 아니면
뜨건 가슴앓이로 타오르다
눈 내린 세상의 무게에 꺾인 상처였을 것이다

묵묵한 허리에 상처가 환하게 깊다
그늘 깊은 상처가 자신의 향기를 깊게 만든다는 것을
비로소 향나무 그늘에 들어와 알았다
상처와 상처의 바퀴들이 굴러 삶은 깊어지고
상처와 상처의 바퀴들이 굴러 향기를 만들어낼 수 있다는 것
오래된 향나무 그늘에 들어
빛나는 상처의 말씀을 본다

세한도歲寒圖

눈 내린 겨울 풍경

한 폭을 물고

지상의 아침을 날아가는

바람새의

허허로운 정적

풍란, 꽃을 피우다

박하향보다 내밀한 꽃향기에
봄날 아침 눈을 감다
누더기도 걸치지 않은 알몸으로 골 깊은 뿌리들
바람의 벼랑 끝을 붙잡고 있다
당당한 것들에게는 헐겁지 않은 길이 있다
껄끄러운 바위의 주름살에 리듬을 박고
허공에 입을 내밀어 바람의 혈액을 수유한다
모질다
뿌리가 바람에 베어도 신음 소리 한 방울 없다
모진 것은
흙을 밟아보지 않아도 벼랑의 은하계에 별이 된다는 것
울림이란 안으로 공명하는 꽃 향이 밖으로 깊다
가뭇없이 바람을 향해 걷는 일이 향이 되는 건
귀가 시린 풍란꽃이다
귀때기 새파란 것이 참 모질다

외로움의 깊이

산 밑 외딴집이 풍경처럼 멀다
흰 눈의 어지러움 때문이었을까
아니면 기침이 깊은
외따로운 노인 때문이었을까
외딴집으로 이어진 발걸음이 보이지 않는다
등대처럼 산을 지키던 저녁 등불이 눈을 뜨지 않고
동네 마실길로 이어진 길엔
눈바람이 쓸고 간 갈기만 길고 차다
늙은 아내 먼저 보내고
혼자 세상의 무게를 견디는 일도 쉽지 않았으리라
미망의 시간이
너덜너덜 집을 짓기도 했으리라
외롭고 쓸쓸한 건 말이 없다
사는 일도 흰 눈처럼 내리다
슬그머니 적멸을 꿈꾸는 일인데
오늘은 그가 가고 없다
몸부림치며 누군가를 그리워한 죄 무섭다

영암댁

즈 년놈덜은 운제까장 붙어사는가 봐!
사람이 나이가 들먼 일찍 떠나기도 허는 벱이고
누구나 염라대왕 비캐가는 사람 없는 벱인디
영감 없이 혼자 산다고 우새를 시캐!
이런 씨부랄 것덜
누가 우새를 시켰는지 고샅에 나와 욕을 한바탕 쏴대는
영암댁
막걸리 한잔 기운이 아직 가시지 않은 듯
탱자나무 가시눈으로 한바탕 쏘아부치고
수막으로 향하는데
조동아리가 얌전해야 복을 받는 벱이여
그러니 자석 새끼덜이 외지에 나가 사기나 치고
감옥을 지 집처럼 드나들고 그라지
오늘 저녁은 동네 한 구석이 시끄러운 밤이 될 것 같다
때론 뻐꾹새 우는 밤이 그립다

꽃이 되고 싶은 여자

그대가 불을 지른다
처음엔 얼굴을 내밀고 손을 내밀더니
끝내는 화살에 불을 올려
황무지 같은 가슴에 화살을 박는다

꽃이 환하다
불에 데인 가슴에 꽃이 환하다

건기에 바싹 마른 가슴이
뜨겁게 타고 있다
서로 꽃이 되고 싶어 저지른 불에
그대 안에 나는 꽃이 되고
내 안에 그대도 꽃이 된다

불이 꽃이 되고 싶은 일이라면
나는 그대의 화살이고
그대도 나의 화살일 것

한 번 데일 때마다 봄이 오는 것이라면

한 번 데일 때마다 세상이 깊어지는 것이라면
그대와 나는 오래도록 불을 지를 일이다

꽃이 되고 싶은 여자 하나 그리운 밤

폐경을 앓는 여자

폐경이 되면 사막을 걷는 낙타가 될 성싶어
얼굴 화끈거리는 여자
화장대 앞에 앉아 제 속을 훑어보며
입술로 몰려드는 미세한 잔주름을 본다
남은 날은 살아있어도 설산의 여우처럼 내내 고독할 것이다
어느 날은 단물 빠진 수숫대처럼 산발을 걷기도 할 것이다
시큰둥 제 직장으로 떠나는 남편이 야속하다
인제 무슨 재미로 살아야 되는 거냐고
화장으로 눈 밑 주름의 이야기를 덮으면서
엉뚱하게 베란다에 핀 장미를 눈빛으로 잘라버린다
비로소 사막의 낙타가 되어 가는 여자

제4부

간장게장 집 여자

영화동 목포 식당 여주인의 갯벌 같은 사투리가
더운 바람을 몰고 달라붙는다
몽골인 같은 두툼한 얼굴엔
갯벌을 질러온 물길이 오랫동안 닿았다 쓸려간 주름이
보인다
게들처럼 몇 번의 허물을 벗었을 것이다
형광 빛의 희멀건 살빛 흔적이 눈 밑으로 흩어졌다
목에서 멈춰 있다
바다의 구릉지대를 오가던 게들의 옆걸음을 닮은
그 여자의 걸음걸이를 보면
물컹한 식욕에 포말이 밀려오는데
몇 그릇의 속을 채워도 입맛이 가시지 않은
달달한 간장게장 맛만이 아니라
살구나무 집 주인의 자선처럼
떨어진 살구를 눈치코치 없이 맘껏 먹어도 좋다는
탱탱한 봄날 기억을 밥상에 올리는 여자
잘 익은 간장게장에다 갈치속젓 조기구이,
총각김치, 시원한 물김치까지 그리고 또 무슨 젓갈까지
그릇그릇 넘치도록 치마폭이 넓은 여자

가마솥에서 금방 퍼 올린 밥이 오를 때까지 그 여자는
밥상마다 연꽃처럼 서서
"아자씨, 참 멋지요."
"게장 맛은 암컷이 더 좋은 께로 많이 드시쇼."
"우리넌 야박한 사람들이 아닌게 묵다 모지래믄 더 달라고 허시쇼" 하면서
넉살 좋게도 제 고향 갯벌을 밀고 간다
제 것을 허실이 퍼주고도 환히 웃지 않는 여자
알이 슨 게딱지에 입맛을 비비기 위해
세발낙지의 흡반처럼 제 몸에서 게딱지를 손 이어 갈라놓는다
마치 제 허물을 가르듯
도시 바닥의 깊이도 모르고 밥도둑을 파는 여자처럼
능소화 핀 골목을 벗어나면
제 고향 목포의 갯벌에 게들이 별빛으로 살아있다고 믿는 여자처럼
참 맛있는 여자
바다를 닮은 여자가 있다

독살 어부

그의 눈이 지긋이 바다를 밀어내고 있다
간조 시간을 기다리는 그의 무릎 사이로
풍장에 울음이 깊은 솔바람 소리가 질러간다
바람에 뒤척이는 아내의 뼈가 기침하는 소리인지도 모른다
지구의 끝 바다 모퉁이에 자리를 잡은 그의 작은 독살
바다에 잠긴 제 집을 기다리기나 하는 것처럼
그의 눈엔 파도 몇 너울쯤 출렁인다
그가 바라보고 외따롭게 담배를 피워 문 것은
자신의 한 생을 물고기처럼 가두어버린 독살이다
지금쯤 그 돌의 그물 속엔 해찰하다 길을 놓쳐버린
전어와 숭어 우럭들이 퍼덕거릴 것이다
돌의 그물에 갇혀버린 자신

한때는 제 길을 벗어난 길을 꿈꾸기도 했다
감옥 같은 독살을 떠나 무엇인들 못하겠냐는 마음으로
뭍을 날아보고도 싶었다
어디 간들 비릿하지 않은 생이 있을까
바람에 홀로 남을 아내의 뼈와

늘 살아 움직이는 은빛 비늘들의 퍼덕거림이 눈에 밟혀
그는 때마다 길을 놓고 말았다

그가 지게에 어구를 싣고 돌의 그물로 간다
걸음걸음이 물길을 찾아 퍼덕이는 물고기 같다
그의 걸음이 바다 위를 걷는다
자신의 감옥으로 들어가는 저 유쾌한 행보의 출렁거림을
가질 수는 없을까
자신의 감옥에서 출렁이는 그가
오늘도 은빛 비늘의 일터에서 구릿빛이다
누구나 자신의 그물에 갇혀 출렁이지 않은 생은 없다

개똥참외

힘들지 않고 익는 꽃은 없다
독한 담뱃잎 고랑의 가지랑이 사이에서 생각과
빛의 틈을 찾아
저 혼자 쓸쓸한 꽃을 피우는 개똥참외 꽃
꽃들도 안다
고독이 얼마나 몸서리를 앓아야 꽃과 열매를
지상에 매달 수 있는가를
또 얼마나 많은 꽃들이 숨죽이며
스스로 낙하해야 생이 이어지는지를
누군가 담배 고랑에 똬리 튼 똥을 얹어놓고
몇 번의 비와 씨앗의 옹근 오기가 발을 내딛어
노란 줄무늬의 눈물로 키웠을 개똥참외
오체투지로 보란 듯이 오지에 숨어 얼굴빛이 곱다
경계 밖에서
무너뜨리지 못할 생명의 빛이 깊다

매미가 울고 간 자리

쓰름매미가 베란다 외벽에서 운다
더운 건 사람만이 아닐 터
유난스레 귀청을 당기는 그 소리

맴맴 스르르 간다
맴맴 스르르 간다

하루를 5년같이
이레 정도 지상에 살다 간다는 매미
운다는 것보다
누군가를 저승으로 데려가겠다는 소리 같다

맴맴 스르르 간다
맴맴 스르르 간다

매미 울고 간 다음날
골골대던 1층 노인이 숨을 거뒀다는 소리

매미 울음처럼 들려오는 곡소리

모기

잠자리에 들기 전
그녀는 내 침실 어디에선가 나를 기다렸던 모양이다
그녀가 나를 진정으로 원하는 건
밤의 사랑 때문만은 아니다
그녀는 나를 간절히 원한다
그렇다고 온몸이 녹아내리는 달콤한 애무와
밤의 깊숙한 체위가 있는 것도 아니다
그녀는 다만 깊은 잠에 든 나를 원한다
내가 느끼지 못하는 감각의 함정에 이루어지는 일이란
누구를 탓할 수도 없는 일
생각해보면 날개를 가진 그녀의 잠행은 성스럽기까지 하다
몇 방울의 피를 위해
위험스런 팔의 난간에 앉아 붉은 신호등
불빛의 배를 불리고
잘 놀다 갔다는 몇 방울 피의 흔적
그녀는 지금 수태 중이다

눈치

읽어야 할 말씀과
덮어야 할 말의 사이
붙잡아야 할 눈과
놓아야 할 눈꺼풀의 사이
손을 비벼야 할 굽힘과
돌아서야 할 벽의 그 사이와 사이들
그 사이로
모래밭에 사는 달랑게란 놈들
인기척에 놀라 지레 제 집으로 들어가는 일과
4월 무더기로 꽃을 올리던 벚꽃들이
바람에 겨운 척 슬그머니 낙화하는 일과
술에 쩔어 새벽녘 집으로 들어가는 고요한 잠입과
집안에서 담배를 피우면 안 된다는 아내의 독한 눈빛
을 피해
밖으로만 숨어드는 남편과
바람을 감추기 위해 무장해제의 연막을 날리는
화려한 능청과 뻔뻔함
시들어가는 무대의 뒤편에 남아
눈치로 하루를 열고 눈치로 한해를 닫는
귀밑이 하얀 자존의 상실감이여
비로소 존재의 사멸이여

느리거나 또는 쉬거나 · 2

허허로울 때 술값 잘 내는 봄날 같은 친구가 병원 영안실에서 나를 부른다

50대 후반까지 그럭저럭 잘 굴러온 친구였다 형님 동생 우기던 친구가 밤새 안녕이라더니

남의 병 걱정만 하던 친구가 제 죽음 모르고 저렇게 흰 국화 밭에 기대어 웃고 있다

죽음은 참 묘한 심장을 가졌다. 새벽안개길 난데없는 안개의 가속 페달이 그를 덮쳤다

바퀴는 무엇이든 삼키고 싶다

암컷을 찾아 도로를 내달리던 고라니의 목마른 사랑도

밤참을 물고 끝내 놓쳐버린 살쾡이의 어금니도

길 건너 봄의 씨앗을 뿌리려고 했던 노부의 늦은 걸음까지도

바퀴는 삼키고 싶다

바퀴에선 비릿한 피의 냄새가 난다

바퀴가 지나간 자리마다 피들이 넙죽이 누워 줄기를 잇고 있다

무한의 속도로 달리고 싶은 그 끝으로 안개처럼 피어오는
저 피들의 꽃
속도가 둥근 의자가 될 수 없는 죽음이라면
바퀴는 느리거나 쉬는 일이다
천천한 바람에 흔들리는 산사 풍경소리의 맛깔처럼
모처럼 집에 쉬면서 늘어지게 잠을 즐기는 고소한 냄새처럼
속도는 나태해야 한다

오랜 친구 문상하고 돌아오는 길
또 누군가의 향불을 피우고 있는 속도가 보인다
죽음은 느리게 오는 게 아니고
바퀴의 속도에 매단 채 오는 것이다

내 두통의 화원

낡은 의자에 머리를 기대고 있다
두통의 통증이 남향의 오후 햇빛을 따라 기운다
오롯이 유리와 유리를 투과하고도 햇빛이
어떤 불륜처럼 따뜻하다
베란다엔 수상한 눈치들로 봄이 익어 꽃을 피워내고 있다
소한 추위로 밖은 저마다 겨울이 광란이다
나는 저들의 수상함에 익숙한 공범처럼
거실의 사타구니까지 쳐들어온 햇빛에 황홀하기까지 하다
내 꿈엔
왜 이런 빛에 피어난 꽃들의 베란다가 꾸어지지 않는지 몰라
싸구려 유곽에서 요구르트 같은 정액을 흩뿌리며
흘러나오는 신음 소리나
허상을 부풀리는 종류의 허망한 꿈들만 연기를 올리는
그런 질감의 꿈들만 펴 올리게 되는지
이젠 젊은 날도 가고 허망한 희망의 뒷전에 앉았다는 것인가

불쾌하게 깊어가는 통증이 가라앉지를 않는다
사각斜角이 되어가는 햇빛처럼
고통스런 사각지대死角地帶에 내가 앉아 있다
처음부터 꽃을 꿈꾸었다는 것이 잘못이다
부엌에서 아내가 맞추고 갔을 밥솥 시간의 알람이
약을 먹으란다
오늘의 주된 밥은 두통약이다
내 고요함을 일으켜 세우는 식사 시간의 빈집
낡은 대로 나는 햇빛 한 모금에 두통의 밥을 먹는다

다스릴 수 없는 죽음의 꽃

– 박영근 시인의 죽음을 추모하며

혼자 남은 사람에겐 떠난 것들이 많다
처음부터 객석 없는 무대를 떠돌았던 셈이다
결혼은 헛된 짓이었다
서로 독을 키우기 위해 짝짓기를 했던 것
날이 갈수록 쌓이는 미움에 가시가 돋는 걸
누구라 말릴까
생채기를 짓누르며 한동안 문밖을 서성이다
무대를 떠난 것이다
노동의 문장과 외로움이 떠났다
마음 밖의 벼랑엔
다스릴 수 없는 죽음의 꽃들이 산다
이름 하나 지우고 꽃이 피는 죽음의 꽃
꽃들의 눈발이 하롱하롱 골짜기로 내리던 날
살아갈 문장이 없어 젊은 시인 하나 사라졌다

도시의 혈穴

전철 역사 옆에는 가을이 산다
그 가을 중심으로 벼들이 익었고
고라니 한 쌍이 익었다
도시의 철창을 뜯고 잠입했을 그 둥지엔
어린 새끼들이 도란도란 걸음을 키우고 있었다
그 사실을 몰랐던 도시의 농부
콤바인으로 가을을 거둬들였고
거둬들인 가을에는
어린 고라니의 숨소리가 없었다

더이상 다가갈 수 없는
위험한 도시의 구멍

불협화음

돌부리의 단단한 텃세에 균형이 흔들
기어이 오른팔에 생채기를 내고 만다

두 손을 가졌으나 손은 믿을 수 없다
믿을 수 없는 것은
왼손과 오른손이 각기 다른 생을 휘젓고 있는 일이다

손을 내밀었으나 왼손은 대답이 없다
지척인데도 가슴과 등이 서로 가까이할 수 없는 웃음처럼
손들은 서로 다른 심장을 가지고 있다

남과 북만의 일이 아닌듯
참담한 떨림의 이 낯설음

너무 가까워 멀어진 것들의 생이란
보폭이 달라 서로 和音의 문장을 만든다고 말하고 싶은가

지팡이를 짚고 계단을 오르는
위태로운 노인의 걸음
왼손과 오른손의 관계처럼

傷處의 꽃 · 2

누군가로부터 가슴을 베었다
그 상처, 몸 밖으로 길을 내지 못하고 웅웅거리더니
끝내 가슴에서 입을 닫는다
참을 수 없이
그렇게 묻어 두고 함께 걸어 온 상처들의 옷
상처에 상처를 입히지는 말일이다
상처 없는 향기란 없다
세상은 상처들이 모여 길을 내고
상처들이 어우러져 사는 일
상처는 견디기 힘든 자신의 숙성 시간이며
그 상처를 덮기 위한 또 다른 상처를 꿈꾸기도 한다
상처만으로도 상처는 향기롭다
상처가 키워낸 머릿속에
찰랑찰랑한 상처의 물결들이 떠다닌다

속도에 무너져 가는 것들

느린 걸음으로
때로는 눈을 끔벅이며 해찰을 하다가
두꺼비 한 마리 사랑을 찾아
도시를 질러간다
나이를 먹는 속도만큼이나
야금야금 문명에 먹히는 사람들만큼이나
속도에 느린 것은 죽음에 가깝다
파멸로 가는
위험스런 몇 개의 자동차 바퀴를 보내고
결국 또 다른 바퀴의 속도에 두꺼비 먹히는 순간
느린 걸음은 비명도 없다
한낮의 오후처럼 선명했던
두꺼비의 사랑
길에 박혀 길이 되다

산사山寺의 저녁

들리는 소리마다
마음 쓰던 일들도 시들해졌다
어제 있었다고 생각했던 외물外物들 소리가
오늘은 눈 밖에서 잔가지도 없다
눈으로 읽고
귀로 그려오는 소리
그리고 손발에 만져지는 소리들이
길을 떠나고 없다
감나무에 홍시가 경을 읽는 소리
단청 풍경에
산바람이 몸을 틀다 몰아가는 소리
부처보다 업이 많았을 석불石佛이
똥을 누던 그 밭으로
잘 익은 배추들의 목탁 소리만 마음을 질러간다
단순해지기로 한다
저녁나절 안과 밖에 있던 소리들이
모락모락 굴뚝 연기로 사라진다
소리들을 태우는 스님들의 저녁 공양
지워진 소리들의 어둠이 깊다

묵행默行

산사의 선방禪房 댓돌 위로
풍경소리 들으며 깊어가는
와불臥佛 한 켤레 있습니다
한 켤레의 햇볕
한 켤레의 바람
한 켤레의 말씀이 전부입니다
낮은 곳으로 향하던 그가
오늘은 조용합니다

상상의 단추 떨어지다

단추들, 버스 안을 뒹굴다 의자의 숲에 눕다
결박에서 풀려난 일탈이란 이런 것들인가
작은 것 하나에 중심을 잃으리란 생각
꿈에서나 생각했던 일인가
모두 자기 안을 기웃거리며
사타구니 열림 장치를 아무 일도 아닌 것처럼 흘깃 훔친다
바짓가랑이를 떠나 굴러간 단추의 길은
귀띔도 없이 데데하다.
버스는 제 길을 따라 간간이 덜컹거리고
단추들도 기웃기웃 덜컹거리고
구부정한 남대문이 열리다
몇몇은 바짓가랑이를 움켜쥔 채 뱃살 가득 흘러내린 속살들
각기 살아온 삶의 빚들일 것
※직신대는 눈빛 사이로 흘러간 단추
챙겨야 할 것은 잊은 것들의 재생과 복구가 아니라
작은 것들이 굴러가는 반란이다
그러다 어느 날
그 열린 남대문이 누군가에 또 타버릴 지도 모를 일

※직신대다 : 짓궂은 말이나 행동으로 귀찮게 하다

상처가 강을 만든다

비가 세차게 내린다
자동차 바퀴에 밟힌 길 안쪽으로
빗물이 바퀴 자국을 밟으며 강줄기를 만들어
흘러간다
상처가 깊으면 강이 된다는 걸
강물은 알까
강물이 상처와 상처들이 쏟아낸 눈물이란 걸
알까
강물이
지상의 상처들로 황토빛 핏물이다

해묵은 옷들을 버리다

언제나 하던 버릇처럼
장롱 문을 열고 옷들의 얼굴을 확인한다
오늘은 버릴 수 있는 것들을 골라낼 수 있을까
한때 주인보다 더 주인답게 거리를 걷거나
주인보다 더 비유와 과장을 걸치던 허수아비들이
장롱 안 옷걸이에 켜켜이 목을 매달고 있다
계절이 바뀔 때마다
유행이 바뀔 때마다 변한 입맛 탓이다
버려야 할 것과 남아야 할 것을 골라내야 한다는 것
사랑과 이별을 생각해야 하는 시간보다
더 고통스럽고 길다
주인의 눈 밖에 내쳐진 기억의 껍데기들이
어둠에 갇혔던 먼지를 털고 있다
20여 년 전 가리봉동 할인매장에서 칠천 원에 구입한
상의 콤비는 버리지 않기로 한다
주인의 후줄근한 길을 닮아
끝내 버릴 수 없는 고집 때문이다
재활용 옷함에 옷가지들을 버리면서
미아로 남은 메모장엔 이런 기록이 있다
'버려진 백합에서 꽃이 피고
버려진 사회에서 사람들이 꽃을 피운다'라고

하찮은 말의 감옥을 즐기다

내 시는
글 시장에 내다 팔 수 있는 언어가 아니다
있어도 그만 없어도 그만인 삼등품의 언어이다
누군 시 한 편이 밥값이 된다고들 하지만
내 시는
주머니 털어가는 몹쓸 중독의 담뱃값을 닮았다
아내한테 딱 욕먹기 좋은 언어의 집이다
그러나 염려마라
스스로 언어 감옥에 들어
저 혼자 뜨겁게 달아오르다 찬밥처럼
식어버리는 일이라 하더라도
언어의 속마음을 찾아 마음을 섞는 밤의 고통은 즐겁다
밥값이 되지 않는다고 시를 탓해본 일은 없다
잘 쓰여진 시를 보고 끊임없이 절망을 하면서도
산을 오르는 것이 산이 있어 오르는 일처럼
내 시도 시가 있어 쓰는 일이다
하찮은 말의 감옥에 빠져 나비가 되는 것은
바로 이 때문이다.